出羽三山

綾に綾に奇しく尊と
月山神の御前を拝み奉る
綾に綾に奇しく尊と
出羽神の御前を拝み奉る
綾に綾に奇しく尊と
湯殿山神の御前を拝み奉

出羽三山とは

月山《がっさん》、羽黒山《はぐろさん》、湯殿山《ゆどのさん》からなる出羽三山。

御開祖蜂子皇子《はちこのおうじ》が山を開いた一四〇〇年以上前から、自然と信仰が息づく聖なる地として、さらに修験道《しゅげんどう》の霊場として、人々の崇敬を集めてきました。

かつて、関西の伊勢神宮に参拝することを「西の伊勢参り」、東北の出羽三山に詣でることを「東の奥参り」と称しました。中でも関東以北の人々にとって、「奥参り」は重要な人生儀礼のひとつとされ、多くの人が出羽三山を詣でました。

羽黒山で現世の幸せを祈り、月山で死後の世界を感得して往生を祈り、そして湯殿山で新しい生命をいただく。

現在（羽黒山）、過去（月山）、未来（湯殿山）の三山をすべて巡ることで、死と再生を体感し、私たちは新たな魂として生まれ変わることができるのです。

雪をいただく国宝・羽黒山五重塔

羽黒山大鳥居

月山　御浜池

蜂子皇子伝説

御開祖蜂子皇子は崇峻《すしゅん》天皇の皇子として誕生します。当時朝廷は崇仏派の蘇我《そが》氏と排仏派の物部《もののべ》氏が対立していました。蘇我氏が勝ち実権を握った後、皇子の父が崇峻天皇として即位すると、次第に蘇我氏と天皇の関係が悪化します。ついに天皇は暗殺され、皇子にも危険が迫ります。その時手を差し伸べたのが聖徳太子《しょうとくたいし》でした。太子は崇峻天皇の異母兄・用明《ようめい》天皇の皇子で、蜂子皇子の従兄弟です。太子は皇子を出家させ（法名・弘海）、曽祖父の継体《けいたい》天皇ゆかりの北国へと遁れさせます。

蜂子皇子は飛鳥（奈良県）の都を離れ、丹後（京都府）の由《ゆ》良《ら》から海路、北へ向かいます。越前（福井県）、越後（新潟県）、佐渡島（同）を経て、イツハの里（山形県）沖合に浮かぶ御島（別名・白山島）に辿り着きます。すると向こう岸から清らかな鈴の音と歌声が聞こえてきました。皇子が船を近づけると、八人の乙女が舞い踊っていたのです。この時、皇子が上陸した浜を「八乙女浦《やおとめうら》」といいます。また丹後の由良を出て、この海岸に着いたことから、「由良海岸」と呼ぶようになりました。

やがて皇子は修行の地を求め、羽黒山へ向かいます。荒倉山《あらくらやま》、竹《たけ》の浦《うら》、山添《やまぞえ》、高寺《たかでら》、仙道《せんどう》と進みますが、山中で迷い込んでしまいました。途方に暮れる皇子の元に、どこからともなく現れたのが片羽根八尺の三本足の霊鳥《れいう》です。大きな烏《からす》に導かれ皇子はさらに深山へと進みます。そして鳥は滝が落ちる谷間の杉の木に止まりました。すると木の根元から光がこぼれ、皇子が木の葉を払うと、そこから観音《かんのん》像が現れたのです。ここが阿久谷《あこや》です。皇子はこの地が補陀落浄土《ふだらくじょうど》（観音の住む霊場）であると悟り、ここで修行を行ないます。藤皮を衣とし、松の実を食し、日夜「能除一切苦《のうじょいっさいく》」と唱え、難行苦行《なんぎょうくぎょう》したのでした。

蜂子皇子は船で日本海を北上し、当時「イツハ（イデハ）」と呼ばれた出羽国に着きます。まず御島（上）に上陸し、続いて対岸の浜（右頁写真）へ。八乙女浦の洞窟は、羽黒山の御神秘殿（本社の下）と繋がっているという伝説があり、羽黒山の本社が火事の時、洞窟から煙が吹き出したといわれています。

蜂子皇子上陸の地・八乙女浦

ある時、蜂子皇子は請われて、地元の国司《こくし》の難病を神通力で治します。国司はそのお礼として、観世音菩薩《かんぜおんぼさつ》（羽黒権現）を祀る社殿の建立を申し出ます。国司は天皇のお許しを得て、山中にお堂（寂光寺《じゃっこうじ》）を建立しました。そして山は、皇子を導いた霊鳥にちなんで「羽黒山」と名付けられたといわれています。また皇子には、「人々の苦しみを能く取り除いた」という意味で「能除太子《のうじょたいし》」の名が与えられました。以来、蜂子皇子は「能除仙」、「能除大師」とも呼ばれるようになりました。

またある時、能除太子が羽黒山より南の深山に分け入ると、観世音菩薩が金色の光を放ち山林を照らしました。峰の頂に登ると同時に、阿弥陀如来《あみだにょらい》が来迎しました。極楽浄土《ごくらくじょうど》（阿弥陀の住む霊場）です。そして太子の過去・現在・未来の姿がまるで鏡のように映し出されたのです。鏡は月に似て、月（月読《つくよみの》命《みこと》）は夜を司ることから、この山を「月山」と号したといわれています。のちにお堂を建て、暮礼山月山寺《ぼれいざんがっさんじ》と名付けました。

次いで能除太子は、草むらに分け入ります。前方の谷間に不思議な光が見えたのですが、急峻な坂ゆえ近づけません。すると光が現れ、太子を導いてくれたのです。光は太子を包み、煩《ぼん》悩《のう》、業《ごう》、苦《く》の三毒を焼き払いました。太子にみずみずしい生気が溢れ、生きながらにして生まれ変わったのです。見上げると目の前には、光り輝く大日如来《だいにちにょらい》が立っています。太子が大日如来から授かった宝珠《ほうじゅ》を拝むと、大きな岩が輝き始め、お湯が湧き出しました。ゆえに「湯殿山」と称したと伝わっています。

江戸時代の『羽黒山縁起』には、目や口が大きく裂け、肌の色が黒かったとあります。今に残る「開山御尊像」（天宥別当・画／左）が天狗のようなお姿なのは縁起に由来します。

太子は舒明十三年（六四一）、皇野《すべの》でお亡くなりになったといわれています。九十一歳でした。羽黒山内にある「蜂子皇子御墓」（左頁写真）は、東北にある宮内庁管轄唯一の皇族墓です。

能除太子の修行は、羽黒派古修験道《はぐろはこしゅげんどう》として大成しました。そして一四〇〇年以上経った今なお連綿と伝えられています。

開山御尊像

羽黒山

羽黒山は、現世の幸せを祈る山。私たちの〝現在〟、そして太陽を象徴する聖地です。

羽黒山は御開祖蜂子皇子が観世音菩薩を祀ったことから始ります。深い木立に囲まれた山頂には、月山・羽黒山・湯殿山の三神を合祀する羽黒山三神合祭殿があり、信仰の中心をなしています。四季を通じて、参拝者が絶えることはありません。

羽黒派古修験道の拠点でもあり、山伏の修行も、ここから始まります。

春、神路坂の旧羽黒山大鳥居

手向の宿坊

出羽三山の中心をなす羽黒山は、三山の表玄関であり、信仰の中心です。冬の時期、湯殿山や月山には立ち入ることができませんが、ここ羽黒山は春夏秋冬いつでも参拝することができます。

高さ二十メートルを超える神路坂の羽黒山大鳥居をくぐり、しばらく進むと、講中や信仰者が参籠する手向《とうげ》集落に入ります。宿坊街を通りぬけると江戸時代に建てられた朱塗りの随神門《ずいしんもん》が見えてきます。かつては仁王尊が祀られ、仁王門と呼ばれていました。

羽黒山の神域は、随神門より始まります。ここから山頂まで、約一・七キロメートルの道のりです。全部で二四四六段の石段が続きます。

門を抜けると、急な石段の下り坂です。「生《な》さぬ仲の継母《ままはは》が先妻の子につらくあたり、この辺に捨てた」ことから継子坂《ままこざか》といわれています。

「百八末社」に数えられる末社の間を抜けると、かつて三途の川に見立てられた祓川《はらいがわ》が流れ、ここに架かる朱い神橋を渡ります。かつて三山詣での人々は必ず祓川の清き流れに身を沈め、水垢離《みずごり》をとり、羽黒山への登拝の途につきました。

この橋は聖なる山上と俗世（山麓）を分ける境界です。

元禄8年（1695）、由利郡矢島領主より寄進された随神門

参道唯一の下り坂・継子坂

随神門手前の天地金神社（てんちこんじんじゃ）

祓川に架かる神橋

継子坂下の末社

神橋を渡ると、右手には月山から引かれた水が流れ落ちる須《す》賀《が》の滝が有り、明治までは「不動《ふどう》の滝」と呼ばれていました。樹齢三〇〇年から六〇〇年の杉並木（国特別天然記念物）を進むと、樹齢約一〇〇〇年の老杉、羽黒山の爺杉《じじすぎ》（国天然記念物）が迎えてくれます。その奥、一の坂の登り口左手には、平将門《たいらのまさかど》建立と伝わる五重塔が静かに佇んでいます。

色彩が施されていない素木《しらき》造り、檜や杉の薄い板を何層にも重ねて葺く柿葺《こけらぶ》き、三間五層の均整のとれた優美な姿です。高さ二十九・四メートルの五重塔は、南北朝時代に再建されたもので、東北地方最古の塔にして、国宝にも指定されています。

五重塔を過ぎると、ここからは、一の坂、二の坂、三の坂と険しい石段が続きます。山伏修行の「峰入《みねいり》」の際は、この石段を駆け上がります。

石段の中で最も長く急な二の坂は、あまりの急勾配ゆえ、武《む》蔵坊弁慶《さしぼうべんけい》が奉納する油をこぼしてしまったという言い伝えから、「弁慶の油こぼし」ともいわれます。

三の坂の手前を右に折れると、南谷《みなみだに》に出ます。中興の祖・天《てん》宥別当《ゆうべっとう》が移築した別当寺があった跡です。現在は礎石と心字池、芭蕉の句碑が残るのみです。

三の坂を登り切ると、いよいよ山頂に到着です。

神橋を渡ると、右手には「不動の滝」とも呼ばれる須賀の滝（右）。さらに進むと、樹齢1000年の羽黒山最大の杉「爺杉」（天然記念物／左）の姿が。以前は「婆杉」もありましたが、台風で失われてしまいました。

爺杉（じじすぎ）

杉林の中に忽然と姿を見せる、国宝・羽黒山五重塔（右）。ここから一の坂、二の坂、三の坂と続きます。石段は、全部で2446段ありますが、よく見ると、盃やとっくり、ひょうたんなどの彫り物が彫られており、一説には33個見つけると願いが叶うとされています。杉林や滝、石段等、現在の基礎は天宥別当の代に整備されました（左）。

南谷（下）。『おくの細道』紀行の際、俳聖・松尾芭蕉は南谷に滞在しました。その時すでに天宥別当の別当寺は火災で焼失していましたが、天宥別当が意匠を凝らした池や庭、そして雪の残る月山に芭蕉は感嘆して、句を残しています。

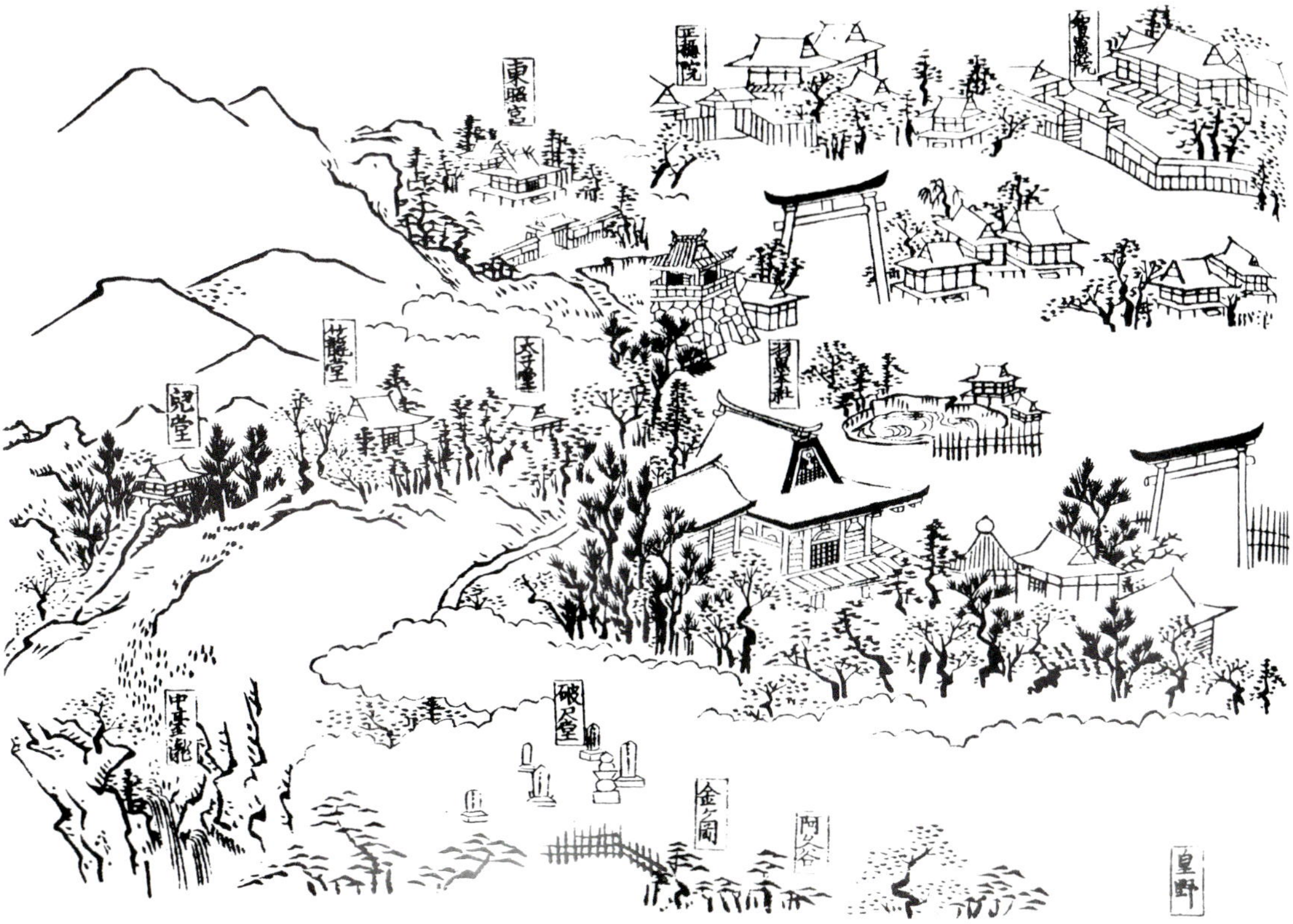

宝永7年（1710）刊行の案内記『三山雅集』に記された羽黒山頂の姿

山頂鳥居をくぐらず、手前を左に進むと、突き当たりに長屋門が見えます。この奥が、斎館《さいかん》（羽黒山参籠所）です。

斎館は、元は華蔵院《けぞういん》という寺院です。現在の建物は元禄十年（一六九七）に建立されたもので、三神合祭殿より古い年代です。廃仏毀釈《はいぶつきしゃく》で三十余りあった寺院が壊された中で唯一残されたもので、往時の様子を今に伝えます。現在は斎館として、宿泊もできます。また宿泊客には、俳聖・芭蕉をもてなしたともいわれる精進料理が振る舞われます。

山頂鳥居をくぐると、ようやく山頂です。萱葺《かやぶ》きでは日本随一の大社殿である三神合祭殿が目に飛び込んできます。

斎館（羽黒山参籠所）

羽黒山冬の峰の祈禱の場（斎館内）

蜂子神社

厳島神社（奥）と蜂子神社（手前）

昭和21年（1946）、地元の小中学生の寄付で奉納された山頂下（しも）の鳥居

鏡池と羽黒山三神合祭殿

羽黒山三神合祭殿

山頂鳥居をくぐると手前から厳島神社、御開祖蜂子皇子を祀る蜂子神社が並び建ちます。鳥居の脇には、蜂子皇子が坐禅をしたと伝わる御坐石《おまし》もあります。

そして、中央に鎮座するのが、羽黒山三神合祭殿です。神仏分離以前は「大堂」とか「権現堂」と呼ばれた信仰の中心です。月山、湯殿山は山頂や渓谷にあり、冬季の参拝や祭典を執行できないので、三山の祭典はすべて合祭殿で行なわれます。

高さ二十八メートル、萱葺きの屋根の厚さ二・一メートルという荘厳な社殿は、通常の神社建築とは異なり、一棟の内に拝殿と御本殿とが造られており、「合祭殿造り」とでも称すべき修験道独特の造りです。三神合祭殿はその名の通り、月山、羽黒山、湯殿山の三神が合祭されています。

現在の建物は、文政元年（一八一八）に覚諄《かくじゅん》別当によって再建されたもので、当時の記録には、その建設に、大工三万五一三八人、彫物師など各職人五万五四一六人、手伝人足三万七六四四人が従事し、これに要した建設費は五二七五両に達しました。昭和四十五年（一九七〇）の塗替修復工事によって、現在の朱塗りの姿になり、平成十二年（二〇〇〇）には国の重要文化財に指定されています。

出羽三山は、明治の神仏分離以前は「神仏習合」の権現信仰の地でした。飛鳥時代に仏教を導入した日本では、次第に、それまで信仰してきた神と仏を同一視するようになり、神が仏の姿をしてこの世に現れる、あるいは仏が神の姿をして現れると考えられたのです。これを「本地垂迹《ほんじすいじゃく》」といいます。

蜂子皇子は、羽黒山に観世音菩薩を見いだしました。観世音菩薩は、土地の神様である伊氏波《いでは》神と、五穀の神様の稲倉魂命《うかのみたまのみこと》に重ね合わされ、「羽黒権現《はぐろごんげん》」と呼ばれました。月山神社には月読命が祀られていますが、この神は死後の極楽浄《ごくらくじょう》土《ど》に住む「阿弥陀如来《あみだにょらい》」と同一視され、「月山権現《がっさんごんげん》」と呼ばれました。湯殿山神社には、現在大山祇命《おおやまつみのみこと》、大己貴命《おおなむちのみこと》、少彦名命《すくなひこなのみこと》の三柱が祀られていますが、湯殿山の本地仏は、永遠の生命の象徴である「大日如来」で、「湯殿山権現《ゆどのさんごんげん》」と呼ばれ、敬われました。これらすべてを合わせて「羽黒三所大権現《はぐろさんしょだいごんげん》」と称されていました。

綾《あや》に綾に奇《くす》しく尊《たう》と月山神《つきのみやまのかみ》の御前《みまえ》を拝《おろが》み奉《まつ》る
綾に綾に奇しく尊と出羽神《いではのかみ》の御前を拝み奉る
綾に綾に奇しく尊と湯殿山神《ゆどののみやまのかみ》の御前を拝み奉る

早朝、羽黒山の三神合祭殿では、神職たちの「三山拝詞《さんざんはいし》」を唱える声が響き渡ります。毎日、神様に御饌《みけ》を供え、祈りを捧げます。

神職の唱える拝詞は、祝詞《のりと》ともお経とも異なり、独特の美しい節をもって詠じられます。

出羽三山は明治以降、神道をもって奉仕していますが、御開祖蜂子皇子が一四〇〇年以上前に開いた昔より、神仏習合の修験道の御山です。

修験道は、平安時代の末期、古代山岳信仰（神道）をもとに、仏教や道教、陰陽道などの影響を受けながら成立した日本独自の宗教です。それゆえ出羽三山は、「羽黒派古修験道の根本道場」として、かつ「八宗兼学の山」として、発展してきました。出羽三山神社の年中行事の内、特殊神事である修験道の祭礼を重んじているのは、こうした歴史を持っているからです。

修験道の特徴は、神仏を一体と捉え、実践と修行を中心にしているところです。修験者は特定の教えや経典によらず、深い山に分け入って心身を鍛え、自然と同化しようと試みます。

修行によって験力《げんりき》を獲得した験者《げんざ》たちを、験を修めた者という意味で、「修験者《しゅげんじゃ》」と呼びます。修験者は、山野で修行するので「山伏」ともいいます。

修験道の祖といわれる役行者《えんのぎょうじゃ》（役小角《えんのおづぬ》）、東大寺建立に力を尽くした僧・行基《ぎょうき》、加賀（石川県）の白山を開いたと伝わる修験僧・泰澄《たいちょう》、真言密教の開祖・空海《くうかい》（弘法大師《こうぼうだいし》）、天台密教の開祖・最澄《さいちょう》（伝教大師《でんぎょうだいし》）など、多くの僧や修験者が羽黒山に来山し、この地で修行したといいます。

山形県のほぼ中央に連なる、羽黒山（標高四一四メートル）、月山（同一九八四メートル）、湯殿山（同一五〇〇メートル）。

この霊峰からなる出羽三山は、修験道の霊場というだけではありません。出羽三山は古くから、宗教・宗派を超え、神仏を敬い、祖先を崇めてきた地なのです。古来、人々はこの山々を畏怖すると同時に、先祖の魂や神々、仏の存在を確かに感じとっていたのでした。

雪深い冬の間は、月山、湯殿山に立ち入ることはできませんが、羽黒山の三神合祭殿は、一年を通じて、お参りすることができます。

三神合祭殿で祈りを捧げる山伏たち（八朔祭）

三神合祭殿の内部

正面の屋根を支える梁の上には、4体の黒い力士像が乗り、肩で屋根を支えています。以前は、腕で支えていましたが、支えきれず、火事で焼失したと伝わります。そこで再建される際、腕ではなく肩で支えるように変えたそうです。

合祭殿正面には、中央に「月山神社」、右に「出羽《いでは》神社」、左に「湯殿山神社」と書かれた社号額が掲げられています。

御本殿には、「三神合祭殿」と書かれた大きな額が掲げられていますが、これは明治新政府の参与などを歴任し、能書家で知られる副島種臣《そえじまたねおみ》の書です。

内内陣は「御深秘殿《ごしんぴでん》」と称し、古来十七年ごとに式年の造営が斎行されています。また御本殿の長押《なげし》（壁に取り付ける横木）には、中国の二十四孝の彫刻が彫られています。

合祭殿の近くには、鐘楼《しょうろう》と建治《けんじ》の大鐘《たいしょう》（ともに国重要文化財）があります。鐘楼は元和四年（一六一八）に再建されたもので、山内では五重塔に次ぐ古い建造物です。

大鐘には、鎌倉時代の文永・弘安の蒙古襲来の際、鏡池から羽黒の龍神（九頭《くず》龍王）が酒田の湊に飛行すると、敵の艦船が全部海中に覆滅したという伝説が残っています。鎌倉幕府は、羽黒山大権現の霊威をいたく感じ、羽黒山の鐘ヶ岡で鐘を鋳て、奉ったといわれています。

三神合祭殿の階下にある、「鏡池」と呼ばれている御手洗《みたらし》池は、どんな日照りの時でも水位が変わらないと伝わる神秘的な池で、神霊そのものと考えられてきました。鏡池の中には、古来多くの人々により奉納された銅鏡が埋納されています。

廃仏毀釈によって散逸してしまった羽黒山の仏像を、酒田市の篤信家・佐藤泰太良氏が収集後に、ひ孫の完司氏が神社に奉納しました。その仏像約250躯を安置したのが、平成29年（2017）にできた「千佛堂」（左）です。

建治の大鐘と鐘楼

高さ2・86メートル、口径1・68メートルの巨大な「建治の大鐘」（右頁写真）。建治元年（1275）の銘が刻まれ、大晦日には除夜の鐘が響き渡ります。鏡池（写真右）からは、多数、銅鏡が発見されています。それらは「羽黒鏡」と呼ばれ、平安時代から江戸時代にかけて奉納されたもので、600面以上にのぼります。鏡池に映る月と三山の神様に捧げたと伝わります。

天宥社

出羽三山には「百八末社」と称される多くの末社があります。羽黒山山内には、羽黒山五十世天宥別当《てんゆうべっとう》を祀る天宥社《てんゆうしゃ》（写真上）や、足の弱い者が下駄を供えて、代わりに月山をお参りしてほしいという願いを込めた建角身《たけつぬみ》神社（行者堂）をはじめ、大《おお》雷《いかづち》神社、稲荷《いなり》神社、大山祇《おおやまつみ》神社、白山《はくさん》神社、思兼《おもいかね》神社、八坂《やさか》神社、天宥別当が勧進した東照社《とうしょうしゃ》（東照権現）などがあります。天宥社の入り口にある二基の燈籠は、天宥別当の御墓がある伊豆七島の新島《にいじま》村（東京都）より奉献されたものです。

また羽黒山は、羽黒派古修験道の中心でもあります。御開祖蜂子皇子を祀る吹越《ふきこし》神社や、秋の峰の修行道場である籠堂《こもりどう》があり、今もなお、この地で山伏の厳しい修行が行なわれています。

出羽三山では、御先祖の御霊を供養する風習が現在も盛んです。霊祭殿には御先祖の供養塔が並んでおり、神職は毎朝、祈りを捧げます。霊祭殿脇の供養塚には、篤信者の供養碑も多く、一般参拝の方々の御供養が絶えません。

羽黒山境内の高台に並ぶ末社

出羽三山の宝物

出羽三山の宝物のほとんどは神仏習合時代のもので、廃仏毀釈の際、その多くが散逸してしまいました。残された宝物は「出羽三山歴史博物館」に保管・展示されています。

刀身全体に波のように流れる地肌・綾杉肌が美しい南北朝時代の「太刀 銘月山」（国重要美術品）。江戸時代、最上義光が月山に奉納した「銅狛犬」（県指定文化財）。文和元年（一三五二／正平七年）の銘と倶利加羅龍王が刻まれている、高さ一・一二メートルの「銅燈篭棹」（国重要文化財）。御手洗池より出土した平安時代から江戸時代の銅鏡（羽黒鏡）一九〇面（国重要文化財）。さらに直江兼続奉納の「鉄擬宝珠」（県指定文化財）など、宝物のひとつひとつが、出羽三山の歴史を今に伝えます。

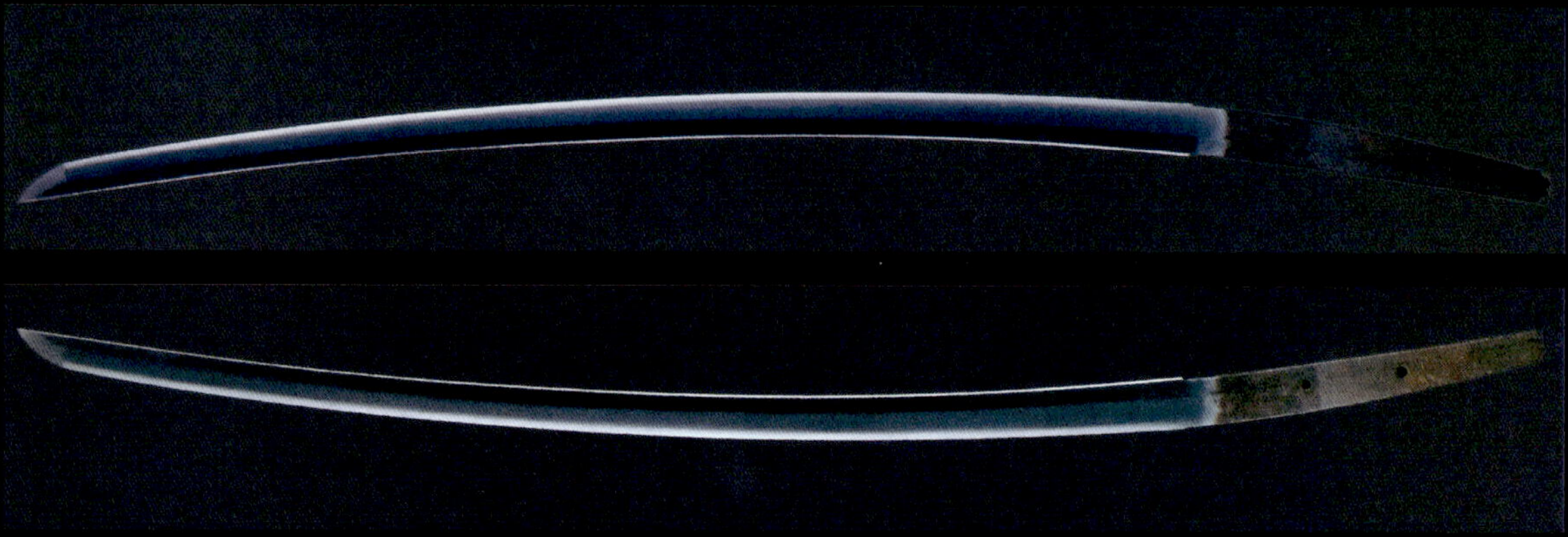
太刀銘月山

銅狛犬

銅鏡（羽黒鏡）

銅鏡（羽黒鏡）

鉄擬宝珠

羽黒山内にある「出羽三山歴史博物館」は4月下旬から11月下旬まで開館しています。上記のような宝物や神仏習合の修験道時代の品をはじめとする出羽三山の歴史や文化を物語る貴重な資料ほか、松尾芭蕉に関する古文書などを常設展示しています。このほか、四季折々いろいろな催物を開催しています。

銅燈篭棹

月山

月山は死を意味する〝過去〟の世を現す霊山。祖霊が集い、鎮まる黄泉《よみ》の山です。人々はここで、死後の安楽と往生を祈ります。標高一九八四メートルの月山に登ることは、極楽浄土＝死後の世界を感じ取ることでもありました。

巨大な牛が横たわっているように見えることから、臥牛山《がぎゅうざん》と呼ばれる月山は、高山植物の宝庫でもあります。夏になると、クロユリやニッコウキスゲ、ミズバショウなど一三〇種以上の植物が花を咲かせます。

夏、月山頂上を彩るハクサンイチゲ（白山一華）

月山頂上から見る夕日

八合目の月山中之宮・御田原神社

月山八合目には駐車場が整備されていて、月山参拝の入り口となっています。ここには月山中之宮・御田原（みだはら）神社があり、頂上の本宮参拝が叶わない人にとっては遥拝所となっています。また御田原小屋（参籠所）もあり、宿泊することもできます。毎年夏、7月1日になると、冬の間、雪で閉ざされていた月山の山が開かれます。

稲田を想起させる池塘・いろは四十八池

月山はいにしえより、祖霊が集まる神の山でした。

その神々しい姿は、人々に崇められ、かつ畏れられてきました。早くも延長五年（九二七）にまとめられた「延喜式神名帳《えんぎしきじんみょうちょう》」に名神大社としてその名を確認することができます。

出羽三山の御開祖蜂子皇子《はちこのおうじ》は、月山の峰の頂で月山大神のお姿を見ました。月山大神は阿弥陀如来《あみだにょらい》であり、月読命《つくよみのみこと》でもあります。阿弥陀如来は極楽浄土《ごくらくじょうど》、つまり死後の世界の仏。月読命は天照大御神《あまてらすおおみかみ》の弟神であり、夜の食国《よるのおすくに》を治め、夜見之国《よみのくに》、黄泉の世界を司る神です。また「月を読む」と記すとおり、月の満ち欠けを教え、暦を司る神でもあります。月山は、〝死〟と〝巡り〟を象徴する聖地なのです。

月山の山麓はブナの原生林に覆われています。林を抜けると八合目。眼前には、高山植物が咲き誇る湿原・御田ヶ原《みだがはら》（弥陀ヶ原《みだがはら》）が広がります。古くから「天のお花畑」と喩えられた場所です。御田ヶ原はかつて阿弥陀如来を安置したことから弥陀ヶ原とも記され、「いろは四十八池」と呼ばれる数々の池塘《ちとう》（湿原の池沼）があります。秋には池塘の回りの馬蹄草が赤く色付き、まるで黄金に実った稲田を想わせます（写真上）。御田ヶ原に鎮座する摂社・御田原《みだはら》神社は、農耕の神・奇稲田姫神《くしいなだひめのかみ》を祀りますが、池塘と神田を重ね合わせたのでしょう。

月山の秀麗な姿は、庄内平野《しょうないへいや》からも山形盆地側からも望むことができます。巨大な牛が横たわっているように見えることから、臥牛山《がぎゅうざん》とも呼ばれていました。

昔から人々は精進潔斎し、白の浄衣《じょうえ》を身につけ、木綿注連《ゆうしめ》（白布で編んだ修験袈裟《けさ》）を首にかけました。身も心も清めて、この臥牛山――月山を目指したのです。そして、死後の世界を疑似体験し、山を下り生まれ変わったのです。

月山への道は、「八方七口」といわれ、かつてはそれぞれの登り口に寺院や宿坊街がありました。羽黒山の荒澤口《あらさわ》（羽黒口）、阿吽院《あうんいん》（廃寺）の肘折口《ひじおり》、日月寺《にちがつじ》（岩根沢《いわねざわ》三神社）の岩根沢口、大日寺《だいにちじ》（大日寺跡湯殿山神社）の大井沢口《おおいさわ》、本道寺《ほんどうじ》（本道寺口之宮湯殿山神社）の本道寺《ほんどうじ》口、注連寺《ちゅうれんじ》の七五三掛口《しめかけ》、大日坊《だいにちぼう》（瀧水寺）の大網口《おおあみ》です。

羽黒口からの月山への道は、古くから木立三里、草原三里、石原三里あわせて九里といわれてきました。旧参道は、海道坂《かいどうざか》（一合）、大満《だいまん》（二合）、神子石《みこいし》（三合）、強清水《こわしみず》（四合）、狩籠《かりごめ》（五合）、平清水《ひらしみず》（六合）、合清水《ごうしみず》（七合）、御田ヶ原《みだがはら》（八合）、仏生《ぶす》池《いけ》（九合）、月山頂上《がっさんちょうじょう》（十合＝一升＝一生）と続き、各合目に末社が祀られています。

現在は八合目から徒歩で頂上を目指すのが一般的です。

八合目の御田ヶ原からは、日本海や出羽富士とも呼ばれる鳥《ちょう》海山《かいざん》（標高二二三六メートル）を目にすることができます。

御田ヶ原の湿原の木道を抜けると、チングルマなどが咲く美しい草原が広がります。さらに進むと、やや急な一ノ岳。これを越えると目の前には雪渓が広がります。石が敷き詰められた畳石を行くと、九合目の平坦な場所に出ます。

この近くにあるのが、仏生池です。仏生池は「仏水池」とも書き、水と仏法を守護する八大竜王の甘露の霊水を道者の頂にそそぐことによって、下界の悪習を祓い、清めました。この池を守るのが、石室でできた真名井《まない》神社です。仏生池小屋もあり、宿泊することができます。

仏生池からさらに進むと、大岩を積み重ねた急峻な坂にさしかかります。「行者返し《ぎょうじゃがえ》」、あるいは「行者戻し《ぎょうじゃもど》」と呼ばれる難所です。昔、役行者《えんのぎょうじゃ》が月山山頂を目指した時、この坂で、「修行が未熟である」と月山権現から押し返された、あるいは自ら戻ったという伝説から名付けられています。役行者はいったん羽黒山に戻り、そこで修行をしなおして、再び月山に登ったといわれています。修験の祖といわれる役行者は、出羽三山と関係が深く、羽黒山にある建角身《たけつぬみ》神社は、かつて「行者堂」と呼ばれ、役行者を祀っていました。

仏生池

行者返しを登りきると、緩やかな登りが続きます。モックラ坂と呼ばれる石畳の道です。

尾根づたいにしばらく進むと、急に、目の前が開けます。山頂です。月読命を祀る月山神社本宮が出迎えてくれます。

月山神社本宮は、頂上の御室《おむろ》にあり、お祓いを受けて身を清めなければ参拝することができません。

山頂付近は平坦な地形で、高原植物の群生地でもあり、さまざまな花を目にすることができます。まさに極楽浄土です。

さらに頂上付近には、いくつかの池塘があり、その中には「神饌池《しんせんち》」という霊験あらたかな池があります。かつて、この池の水を、月山の御宝前《ごほうぜん》に日々お供えしたので、その名がつけられました。不思議なことに真夏でも涸れることなく、いつも満々と清水をたたえています。

月山から湯殿山へ向かうには、山頂から月山刀鍛冶の工房跡と伝わる鍛冶小屋《かじごや》跡を経て、牛首《うしくび》へ。さらにシラネアオイの咲く柴灯森《さいとうもり》から金姥《かなうば》を経て、浄身川《きよみがわ》へ。かつてはこの川で水垢離をとり、装束場《しょうぞくば》（施薬小屋《せやくごや》）で装束を改めました。

装束場から月光坂《がっこうざか》の上に立てば、湯殿山神社本宮が望めます。岩場を水が流れる水月光《みずがっこう》、鉄梯子の金月光《かながっこう》という三山参詣随一の難所である坂を下れば、そこは湯殿山神社です。

『三山雅集』に描かれた月山

『三山雅集』には、秘所である東補陀落や御浜も描かれています。「御田ヶ原」の文字もあり、古くからこう表記されていたことがわかります（阿弥陀如来の像が安置されたことで弥陀ヶ原とも記されました）。下右は大岩が積み重なる「行者戻し」（行者返し）です。下左は頂上から見た朝焼けの「神饌池」です。

早朝の神饌池

行者戻し

月山神社本宮

月読命を祀る月山神社本宮です。農業、航海、漁業などにおいて、暦を司る神として、広く信仰を集めてきました。月山神社には、狛犬の代わりに、兎が鎮座しています。兎は古くから月山大神のお使いで、月の精といわれ、悪運から逃れる力があると考えられています。頂上には月山頂上小屋があり宿泊も可能です。

かつて13仏が祀られていた本宮の石垣には13の神々が祀られている

月山神社本宮の鳥居

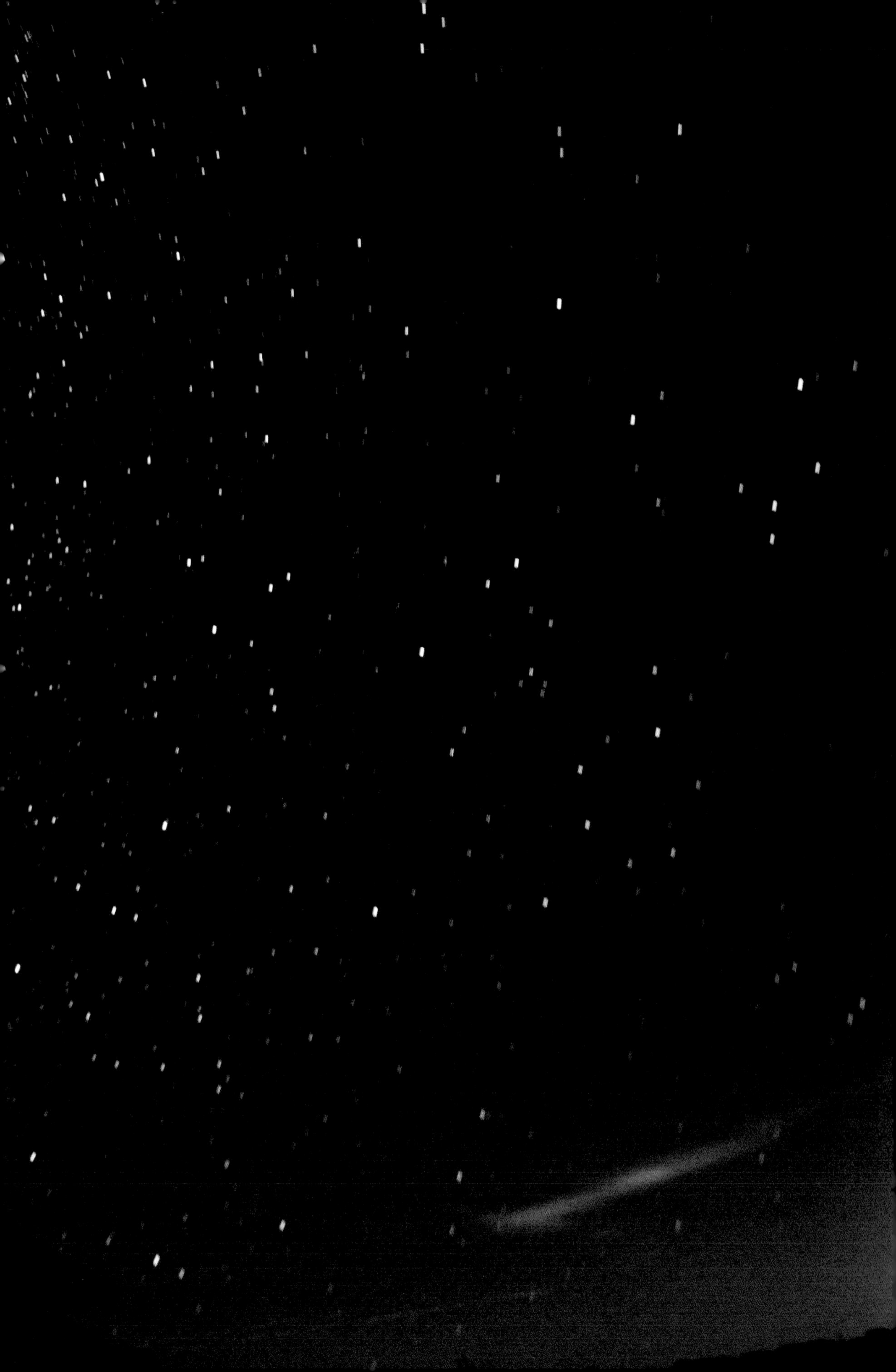

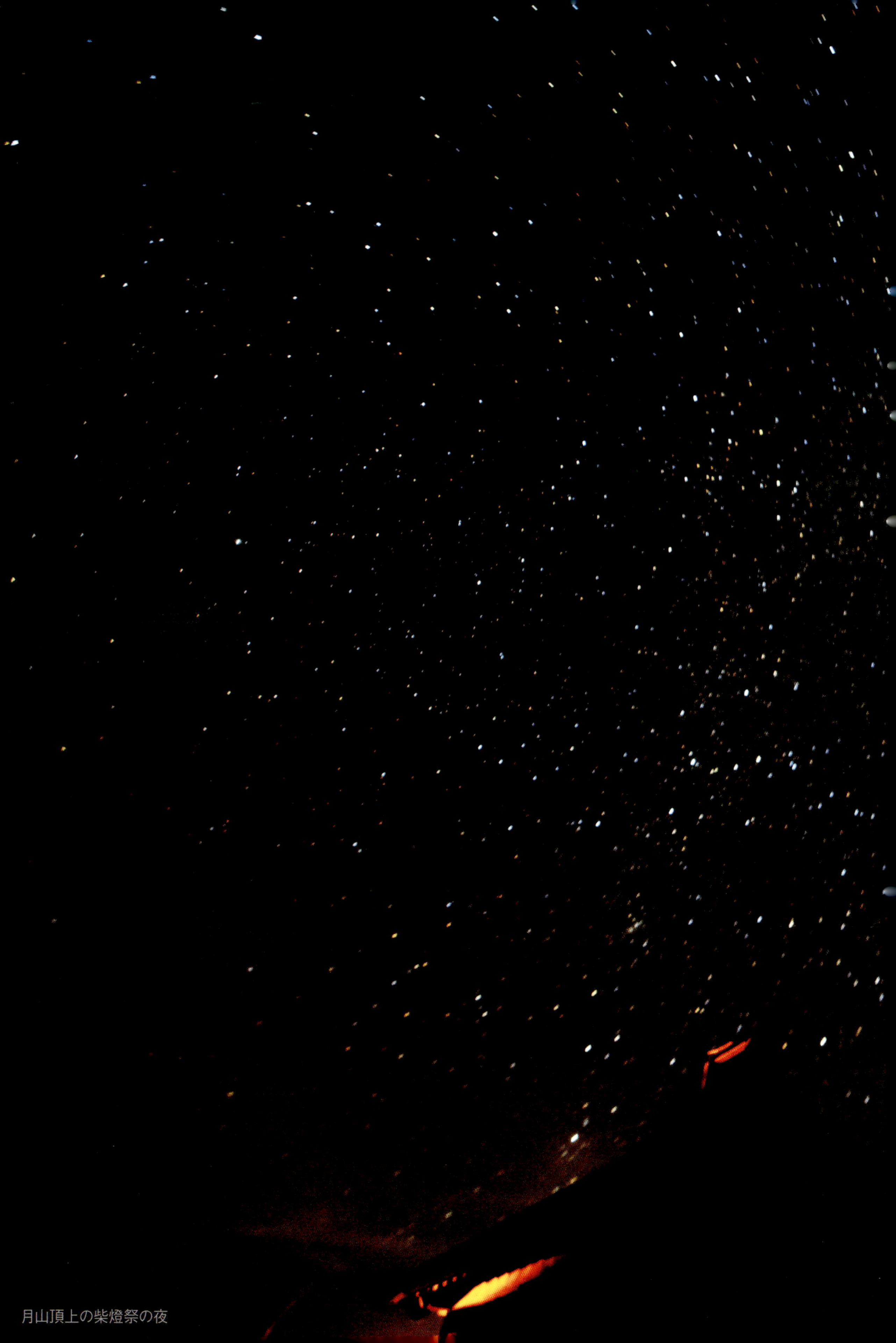

月山頂上の柴燈祭の夜

月山の花々

八合目の御田ヶ原を埋め尽くすニッコウキスゲやチングルマ、仏生池の近くには星形のミヤマリンドウ、山頂東側に群生するコバイケイソウ、頂上から姥沢《うばさわ》口や湯殿山に向かう道筋に咲くシラネアオイ……。

月山の短い夏、残雪にまじって、ここにはさまざまな高山植物が咲き乱れます。

その数は一三〇種類以上、高山植物の宝庫といえるでしょう。湿原や高原など地形が変化に富んでいることと、日本海からの季節風の影響によって、高山植物の種類が多く、場所ごとに違った表情を見せてくれるのです。

また、稜線を境として、東側と西側の植生がまったく異なっているのも特徴のひとつです。それが月山ならではの景観を形作っています。

オゼコウホネ（尾瀬河骨）

月山は珍しい高山植物が非常に多いことでも知られています。山頂付近に咲く、黒紫色の花が美しいクロユリは、東北では滅多に見ることができない貴重な花です。そのほか、池塘に咲くオゼコウホネは、氷河期から生き残る日本固有の希少種です。本州では、尾瀬（群馬、福島、新潟の三県にまたがる湿原）と月山にしか自生していません。

クロユリ（黒百合）

ミネザクラ（峰桜）

ミズバショウ（水芭蕉）

ヤマハハコ（山母子）

ニッコウキスゲ（日光黄萓）

エゾオヤマリンドウ（蝦夷御山竜胆）

ミヤマリンドウ（深山竜胆）

ハクサンシャクナゲ（白山石楠花）

ミヤマウスユキソウ（深山薄雪草）

シラネアオイ（白根葵）

イワカガミ（岩鏡）

コバイケイソウ（小梅蕙草）

ハクサンチドリ（白山千鳥）

チングルマ（珍車）

湯殿山

「語るなかれ」「聞くなかれ」

古来、出羽三山の総奥の院として秘されてきた聖地、それが湯殿山です。人々はこの聖なる地に〃未来〃を見て、〃再生〃を祈ってきました。

現在（羽黒山）、過去（月山）と辿ってきた〃三関三渡《さんかんさんど》〃の「生まれ変わりの旅」は、未来（湯殿山）で完結します。羽黒山で現在を生き、月山で一度死んだ魂は、ここ湯殿山で新たに生まれ変わるのです。

秋、紅葉に包まれる湯殿山大鳥居

『三山雅集』に描かれた湯殿山

羽黒山、月山は山頂に本宮をいただきますが、湯殿山神社は、湯殿山に抱かれるように山腹に鎮座します。湯殿山の神域は、古来人工物は一切許されず、社殿も拝殿もありません。「語るなかれ」「聞くなかれ」と戒められてきた神秘の地として、特に崇められてきました。江戸時代の『三山雅集』(上図)でも、その姿は雲の中に覆い隠されており、「秘所の為、省略す」とあります。御神湯が湧出する御神体(明治までは御宝前と呼ばれていた)は、現在も一切の写真撮影が禁じられています。

湯殿山が出羽三山のひとつとなったのは、江戸時代以降のことで、それまでは羽黒山、月山、葉山の三山の総奥の院でした。

修験道の三山の山を駆ける修行を「三関三渡」といいますが、羽黒山は観世音菩薩(現在)、月山は阿弥陀如来(過去)、葉山や薬師岳(湯殿山の裾野の湯を湧出する岳)は薬師如来《やくしにょらい》(未来)とされ、修験者はそれらの加護と導きにより現在・過去・未来の三関を乗り越えようとしました。そして乗り越えた先に、三関を超越した世界の湯殿山があり、御神体へ素足でのぼることで大日如来と一体になったと感得するのです。それを「即身《そくしん》成仏《じょうぶつ》」(生きたまま悟りを開くこと)といいました。羽黒山、月山、湯殿山の三山を巡ることを「奥参り」と称し、重要な人生儀礼のひとつとして捉えてきたのです。

湯殿山神社大鳥居

月山と湯殿山を結ぶ月光坂の鉄梯子

梵字川に架かる御沢橋

仙人沢の行人塚（ぎょうにんづか）

姥権現（姥様）

湯殿では、苦行を続け即神仏（ミイラ）になった行人が数多くいます。仙人沢には、行人を弔う行人塚があります。本宮までのバス道路の一角にある「姥様」（うばさま）は安産や子育て、家内安全などの神として信仰されています。「姥」は乳母であり、三途の川の鬼女・脱衣婆（だつえば）として冥府の神でもあります。

湯殿山神社本宮の入り口

湯殿山の山が開かれるのは、初夏の六月一日です。

湯殿山に向けて車で進むと、仙人沢《せんにんざわ》の赤い大鳥居と、宿泊や食事のできる湯殿山参籠所が見えてきます。ここからは専用のバスで、山を登っていきます。

終点から徒歩で山道を登っていくと、御祓場があります。ここでお清めをするためです。

湯殿山大神へ祈りを捧げるには、まずお祓いをうけ、身も心も清らかにしなければなりません。

古くは、装束場で新しい草鞋《わらじ》にはき替え、お参りしました。現在は入り口の御祓場で素足になります。そこで、紙の人形《ひとがた》とお守りを受け取り、祈禱を受けます。人形で体をなでて穢れを祓い、最後に息を三回吹きかけ、移した穢れごと、月山を源とする梵字川《ぼんじがわ》の渓流に人形を流すのです。

木製の門をくぐると、石畳が続きます。素足に、石畳のほのかに温かい感触が伝わってきます。

石畳を進むと、目の前に御神体とされる熱湯をしたたり流す巨岩がせまります。

その姿は言葉に言い表すことができないほど神秘です。

詳細を語ることが禁じられていますので説明を控えますが、御神体を前にしばし言葉を失います。語ることも撮影すること

湯殿山御神体に祈りを捧げる（湯殿山神社本宮開山祭）

もできませんが、触れることはできます。参拝の後、人々は御神体に手で触れ、素足になって登ります。人々は御神体を心と体で感じ取るのです。

それは畏怖すべき自然そのものの姿です。人々は湯殿山の御神体を拝し、直接触れることで、湯殿の胎内に回帰し、生きながらにして生まれ変わるのです。

御神体の左側、月山の方位には、湯殿山霊祭場があります。ここは古くから、先祖に会えるという場所で、人々は亡くなった人の戒名や先祖代々と記した依《よ》り代《しろ》を、水のしたたる大岩に貼り付けます。紙の文字が消えると、生まれ変わるとされていました。これを「岩供養」といいます。

御神体の脇からは、鉄梯子をくだって、梵字川が流れ落ちる御滝《みたき》神社の滝壺に行くことができます。雄滝、雌滝、ふたつの滝が流れ落ち、滝自体が御神体になっています。

梵字川には、真言密教開祖の空海の伝説が残されています。空海が梵字川にさしかかると、上流から光り輝く葉が流れてきました。拾い上げるとそこには、大日如来を表す五文字の真言が書かれていました。空海はこの川の先に聖地があるに違いないと確信し、川沿いに進むと、ついに湯殿山に辿り着いたといいます。

道路などが整備されるまでは、梵字川が流れる仙人沢を遡るのが、山麓から本宮に辿り着く唯一の道でした。

行者は、白装束を身につけ、草鞋を履き、梵字川を進みました。これを「お沢駆《さわが》け」といいます。現在も修行の一環として行なわれています。

梵字川の両岸には、十三の末社が祀られています。神社といっても、社殿があるわけではありません。祠があるのは伊邪那《いざな》美《み》神社だけで、あとは岩や崖そのものが神様です。人々は、岸壁に神仏を見いだしたのです。お沢駆けでは、十三の神仏に祈りを捧げながら、本宮を目指しました。

仙人沢を遡ると、御神体のすぐそばから流れ落ちる御滝にぶつかります。滝の脇の崖の梯子をよじ登ると、そこに御神体、湯殿山大神が現れるのです。

羽黒山＝現在、月山＝過去、湯殿山＝未来をめぐる「三関三渡」の生まれ変わりの旅——擬死再生の修行は、湯殿山で完結します。「生まれ変わりの旅」は、出羽三山が一四〇〇年以上受け継いできた信仰なのです。

私たちは羽黒山で現世の自分を見つめ直し、月山で一度自分を葬り、そして湯殿山の胎内に抱かれて、神霊の力で、新たな魂として再び〝生〟を得るのです。

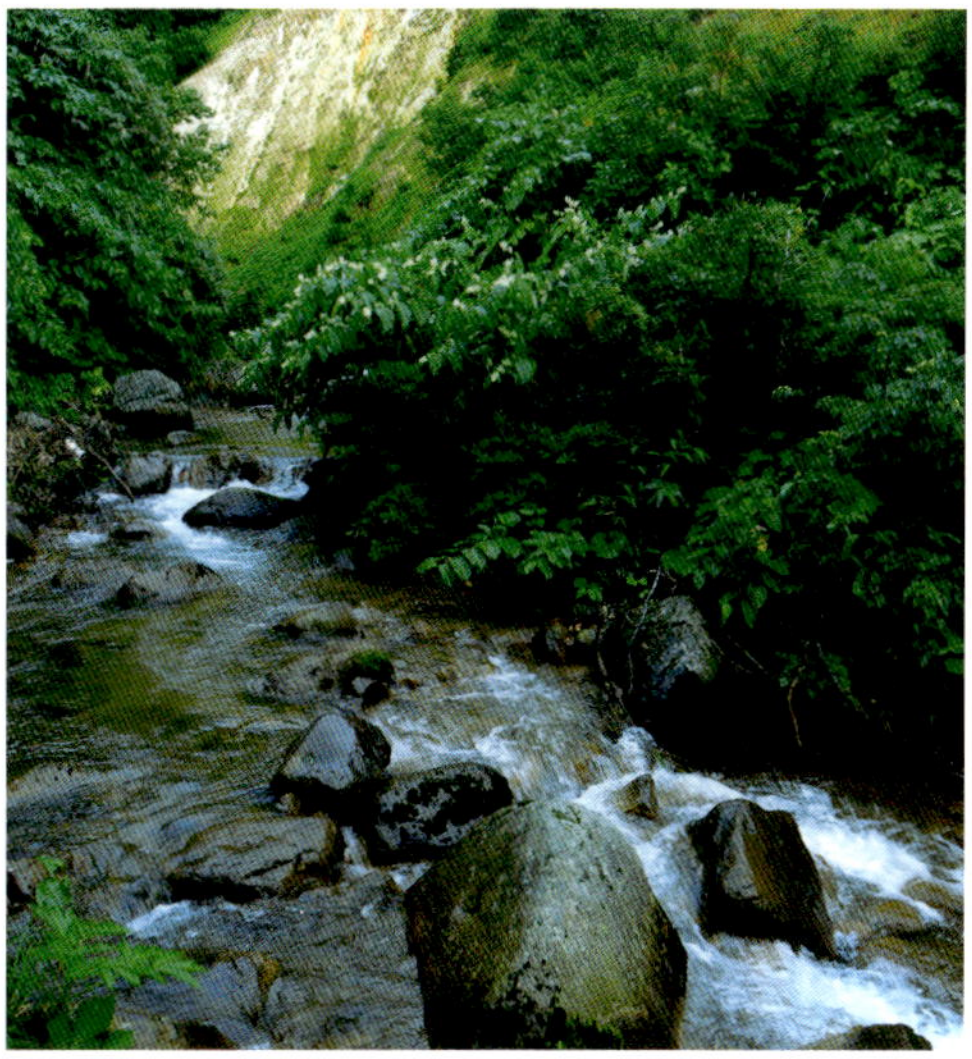

神社の背後から90メートル、鉄の梯子を下りると御滝神社の滝壺に出ます。昔は不動尊として拝しましたが、今は瀬織津姫（せおりつひめ）神を祀ります。御滝（みたき／右）と含満滝（かんまんのたき／左）では滝行をする行者が絶えません。御滝から御沢橋までの梵字川両岸には13の末社が祀られ、巡拝することを「お沢駆け」（上）といいますが、個人の立入りは禁じられています。

出羽三山の祭り

出羽三山のお祭りの始まりは、大晦日から元旦にかけての「松例祭《しょうれいさい》」で、「験競《げんくらべ》」で一年の禍いを焼き払い、「火の打ち替え神事」（写真）で清浄で力強い火を切り出し、新しい年を迎えます。さらに春の「祈年祭《きねんさい》」、夏の例大祭「花祭《はなまつり》」、そして秋の「柴燈祭《さいとうさい》」、「秋の峰」、「八朔祭《はっさくさい》」と、古式豊かなさまざまな神事が続きます。

四季折々の出羽三山の祭りは、春夏秋冬、年四度行なわれてきた峰入《みねいり》の伝統を今に受け継ぐものであり、修験道の修行の影響が色濃く残っています。

冬、松例祭の「火の打ち替え神事」（松明行事）

祈年祭の田舞

春を迎えた五月八日、羽黒山三神合祭殿では「祈年祭《きねんさい》」が行なわれます。「としごいのまつり」ともいい、「とし」は穀物、特に稲を意味する言葉で、その年の五穀豊穣を祈ります。神事の後は、「御田植祭《おたうえまつり》」です。神職が神前を田に見立て、鎌《かま》行事（草刈り）・鍬《くわ》行事（耕し）、鋤《すき》行事（掘り起こし）、牛行事（代掻《しろか》き）、柄振《いぶり》行事（土ならし）・種蒔《たねまき》行事・田舞《たまい》（右上写真・種蒔きから収穫まで）と一連の行事を再現します。

夏は七月十五日の「花祭」（左上写真）。出羽三山神社例大祭で、月山神社、出羽神社、湯殿山神社の神輿《みこし》と、稲の花をかたどった三基の献燈の渡御《とぎょ》があります。その花をいただくことで家内安全・家業繁栄が守られるとされています。かつての「夏の峰」の修行中、毎日花を供えた慣わしに由来します。

同じく「夏の峰」の伝統を残す「柴燈祭《さいとうさい》」（次々頁写真）。八月十三日の日没、月山神社本宮の柴燈場に、供養の護摩木《ごまぎ》として納められた卒塔婆《そとうば》を積んで火を放ち、月山に眠る祖霊を幽冥《ゆうめい》（あの世）より迎え、子孫の待つ家々に送ります。山頂の火が見えると、九合目の小屋でも柴に火が点けられ、八合目の中之宮では山頂と同様、護摩木を焚いて祖霊を迎え送ります。山頂では「ホイホイ酒」といって参拝者に酒を振る舞います。これは無縁仏が嫉妬で災いをなさないよう酒を振る舞い和ませるも

花祭（御輿渡御）

ので、参拝者や行人は無縁仏に代わっていただきます。

そして最大の山伏修行が、八月二十六日から九月一日まで行なわれる「秋の峰」。蜂子皇子の修行の追体験とされ、全国から集まった修行者が一週間、世俗を離れ、山中に籠もります。峰中《ぶちゅう》終わりの前日に行なわれるのが、「八朔祭《はっさくさい》」です。「八朔」とは旧暦八月一日のこと。この時期は稲の結実期で、田面《たのも》に災害がないように祈ります。明治四十三年（一九一〇）以降、八月三十一日から九月一日にかけて行なわれるようになりました。八月三十一日の午後十時、峰中の修行者は蜂子神社に詰めかけ、修行終了を報告し、大柴燈護摩を修します。

大晦日から元旦にかけ、羽黒山山頂で夜を徹するのが「冬の峰」結願《けちがん》行事の「松例祭《しょうれいさい》」です。ふたりの松聖《まつひじり》が山外禁足で修行に努め、百日目の大晦日、三神合祭殿では、「烏飛《からす》び」や「兎《うさぎ》ぱね」などで験力《げんりき》を競います。烏は太陽の化身で羽黒山の神の使者、兎は月の使わしめで月山の神の使者です。同時刻、地元手向《とうげ》集落の若者が作った二体の大松明（恙虫《つつがむし》）を競って引き出して燃やし、燃え方で翌年の豊作を占います。これは蜂子皇子が恙虫の被害に苦しむ人を救うため、焼き払ったという故事に因みます。年を越すと「火の打ち替え神事」と続き、新しい火を切り出し、新年を迎えます。

月山　柴燈祭

「秋の峰」（右上）。修行者は月山の秘所・東補陀落など山や谷を駆けます。秋の峰の最後を飾る「大柴燈護摩」（右下）。護摩壇の火が燃え上がります。「松例祭」の「大松明引き」（左上）。二手に分かれ、速さを競います。「松例祭」の「烏飛び」（左下）。高さと美しさで験力を競います。

出羽三山を愛した作家たち

宗教家や参拝者だけでなく、古くから多くの作家が、ここ出羽三山を訪れ、魅入られてきました。

最も知られているのは、江戸時代の俳人・松尾芭蕉《まつおばしょう》（一六四四〜九四）です。芭蕉は元禄二年（一六八九）三月、奥州（東北）、北陸を巡る半年におよぶ旅に出ます。この旅を記した俳諧紀行が、あの有名な『おくの細道』です。

芭蕉はこの旅で、出羽三山を訪れています。羽黒山の南谷《みなみだに》にあった寺院に宿泊し、ここから月山や湯殿山も参拝しました。

《更に日月行道《じつげつぎょうどう》の雲関《うんかん》に入《いる》かとあやしまれ、息絶へ身こゞへて頂上に至れば、日没《ぼっし》て月あらはる》

芭蕉が月山を登った時の様子です。日や月が通る関所（雲関）に踏み入ったかと疑うような高さの道を進み、息も絶え絶え、凍えそうになって頂上に到着すると、太陽が沈んで月が現れたと、その時の感動を芭蕉は記しました。夜明け、芭蕉は月山より湯殿山に下り、御神体を拝みます。そして出羽三山それぞれについて、俳句を詠んだのでした。

《涼しさやほの三か月の羽黒山》

南谷翁塚

野口の発句塚

羽黒山頂の芭蕉像

俳聖・松尾芭蕉の来山を記念して、芭蕉の銅像が羽黒山頂の手水舎の近くに建っています。像の隣には、野口から移した発句碑もあります。また南谷には、芭蕉の《有難や雪をかほらす南谷》（『おくの細道』）の句碑が建つ翁塚があります。出羽三山は『おくの細道』の聖地ともいえる場所で、今も多くの俳人や俳句愛好家がこの地を訪れています。

《雲の峯幾つ崩《くずれ》て月の山》
《語られぬ湯殿にぬらす袂《たもと》哉《かな》》

芭蕉は羽黒滞在中に、「不易流行《ふえきりゅうこう》」の境地に達したといわれています。羽黒山で芭蕉を案内した呂丸《ろまる》（手向に住んでいた芭蕉門下の俳人）が書き残した『聞書七日草《ききがきなぬかぐさ》』の中に、初めて不易流行の考えが登場します。

「不易流行」とは、時代を超越した普遍的なもの（不易）と、その時に応じて変化する最先端のもの（流行）のこと。これらは別のものではなく、新しさを求めて変化を重ねていくことが普遍的な価値になっていくと、芭蕉は考えました。芭蕉にとって、出羽三山参りは特別な意味を持っていたのです。

出羽三山には、芭蕉をはじめ、訪れた文人たちの文学碑や句碑が数多くあります。俳人・高浜虚子《たかはまきょし》（一八七四〜一九五九）、詩人・野口雨情《のぐちうじょう》（一八八二〜一九四五）、詩人・西條八十《さいじょうやそ》（一八九二〜一九七〇）などです。

山形県出身の歌人・斎藤茂吉《さいとうもきち》（一八八二〜一九五三）は、父に伴われ十五歳で湯殿山に登拝しています。山形では出羽三山への参拝を済ますことが、人生の通過儀礼でした。

斎藤茂吉は、出羽三山に関しての短歌を多く残しており、そのうちのひとつが湯殿山の歌碑になっています。

斎藤茂吉歌碑

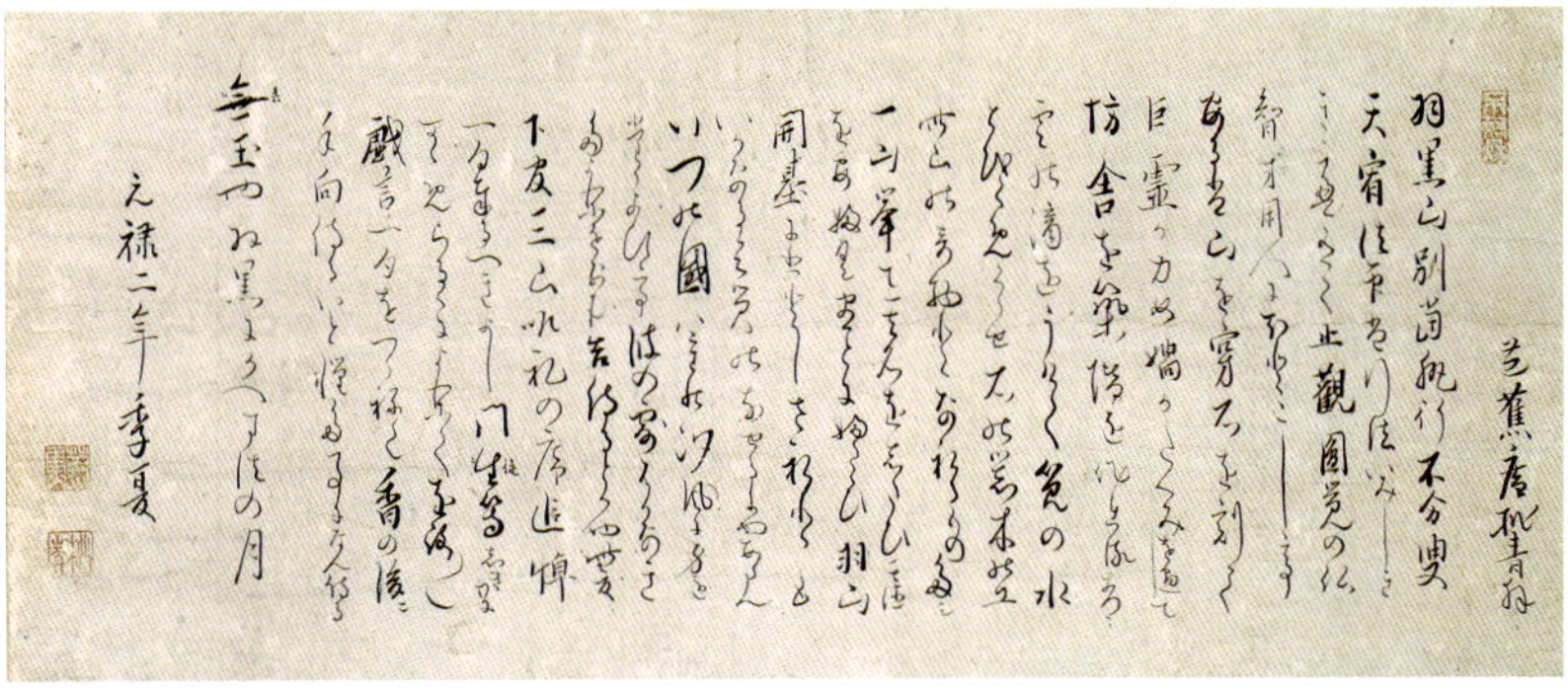
芭蕉「天宥追悼句」

芭蕉が羽黒山を訪れた際、別当代の会覚にもてなされ、その会覚から天宥別当の話を聞いた芭蕉は、天宥別当の業績をしのび、自らの筆で追悼の句文を手向けます。それが三山歴史博物館に残っている「天宥追悼句」（県指定文化財）で、《其玉や羽黒にかへす法の月》という句を贈りました。

《わが父も母もいまさぬ頃よりぞ湯殿の山に湯はわき給ふ》

他にも俳人の正岡子規《まさおかしき》（一八六七〜一九〇二）、小説家の田《た》山花袋《やまかたい》（一八七一〜一九三〇）や井伏鱒二《いぶせますじ》（一八九八〜一九九三）、井上靖《いのうえやすし》（一九〇七〜九一）や武田泰淳《たけだたいじゅん》（一九一二〜七六）、国文学者の折口信夫《おりくちしのぶ》（一八八七〜一九五三）や芸術家・岡本太《おかもとた》郎《ろう》（一九一一〜九六）など、数多く来山しました。

月山をテーマにした小説を書いたのは、森敦《もりあつし》（一九一二〜八九）です。森は二十代で小説家として注目を集めますが、その後各地を放浪。八方七口のひとつ、七五三掛《しめかけ》口の注連寺《ちゅうれんじ》でひと冬を過ごした体験を元に書いた『月山』で芥川賞を受賞します。森敦、六十二歳の時でした。注連寺の境内には、森敦の筆による文学碑が建っています。

《すべての吹きの寄するところこれ月山なり》

直木賞作家・藤沢周平《ふじさわしゅうへい》は山形県鶴岡市出身で、市内には「藤沢周平記念館」も建ちます。海坂藩を舞台にした時代小説で有名ですが、『春秋山伏記』という羽黒山伏を主人公にした作品も手がけています。またこんな紀行文も残しました。

《出羽三山は、単に風景として美しいだけでなく、どこか人間くさい懐かしさを秘めているように思われる。私にとって、出羽三山はいまも不思議な山である》（「出羽三山」）

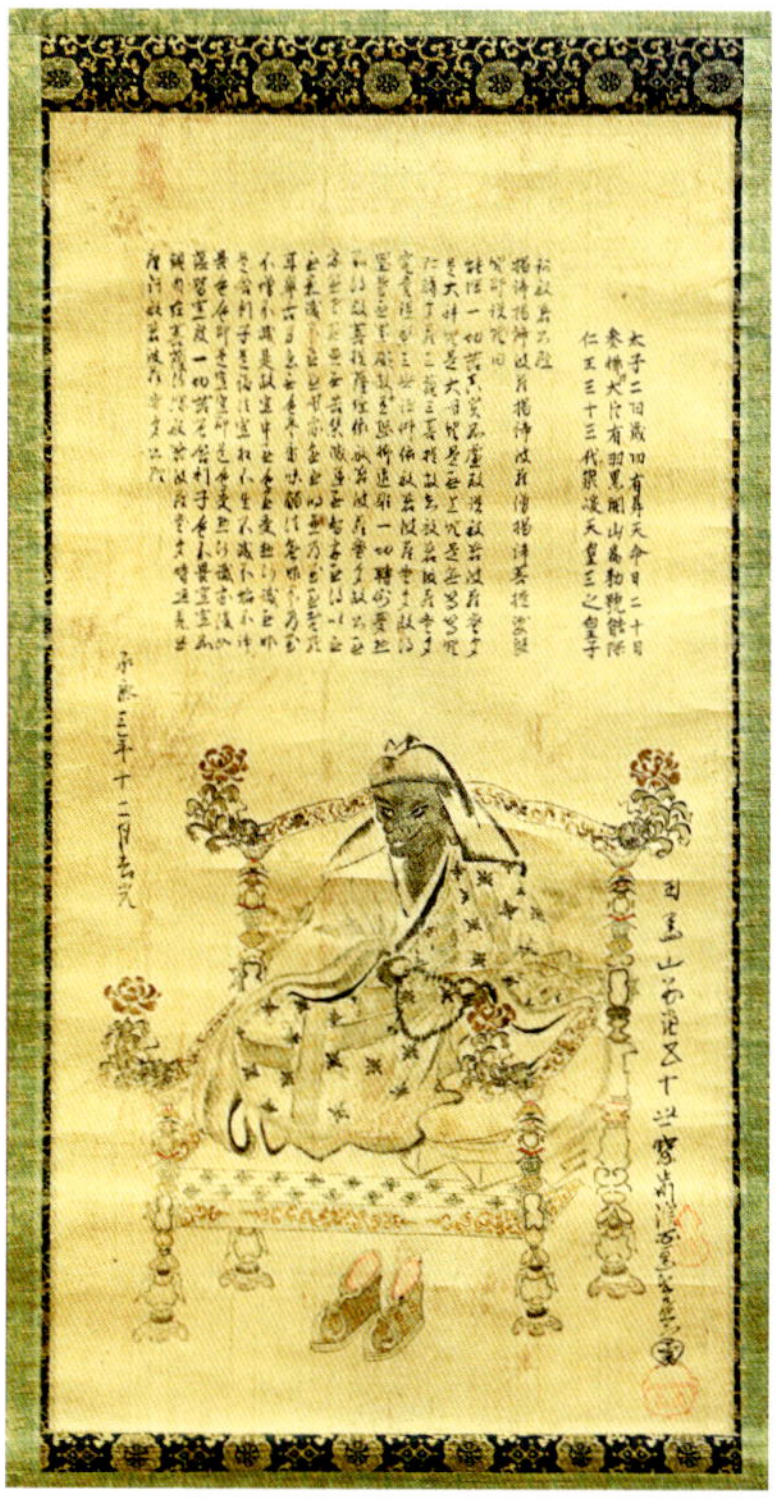

『春秋山伏記』には、狐憑きのお祓いのため、蜂子皇子の掛け軸を床の間に掛け、般若心経を逆から唱えるシーンが描かれています。実際、三山歴史博物館には、逆般若心経の掛け軸が残っています（右）。また藤沢周平は幼き頃、村に来た羽黒山伏を《畏怖》していたと書き残しています。山伏は白装束に金剛杖ですが、背負っているのが「笈（おい）」です（上写真は室町時代のもの／三山歴史博物館）。仏具や衣服、食器などを収める箱ですが、峰入においては、「棺桶」の意味もあり、笈は母の胎内の役割も持っていたのです。

出羽三山のいま昔

江戸時代、延享二年（一七四五）の記録によると、月山通過の道者は三万八〇〇〇人を数えました。「遠国旦那場帳」によると、日本六十六カ国のうち、参拝者のなかったのは飛驒（岐阜県）一国のみ。また、延享年間（一七四四〜四八）の記録では、羽黒派の末寺は三七八二もありました。江戸時代、出羽三山信仰は日本全国に広がっていたのです。

しかし、出羽三山が常に賑わいをみせていたわけではありません。戦国時代は、東北の要衝にあった出羽三山は、戦国大名の争いに巻き込まれ、荒廃してしまいます。

江戸時代、泰平の世が訪れると、立て直しの機運が高まります。そうした中、寛永七年（一六三〇）に第五十代別当となったのが天宥でした。「別当」とは大寺院を統括する役職名です。

天宥別当は改革を断行します。

当時、羽黒山は兼八宗でさまざまな宗派が集まっていましたが、山上は真言宗で、天宥別当は全山を天台宗に改宗します。当時、徳川家康の懐刀といわれ、「黒衣の宰相」と呼ばれた天台僧・南光坊天海《てんかい》に近づき、その後ろ盾を得て、改革断行のための力を得ようとしたのです。この時、天海の「天」の一字をもらい、宥誉《ゆうよ》から天宥《てんゆう》と改名しました。

天宥別当は布教制度を確立し、お山の賑わいを取り戻そうとします。さらに日光東照宮（東照社）を勧請し、山威を高めます。現在、随神門から山頂まで、杉並木の石段が続いていますが、石段を整備したのも、杉を植えたのも、天宥別当です。さらに約八キロメートル先の月山・山麓の水呑沢《みずのみざわ》より水を引き、「不動の滝」（須賀の滝）を作り、また新田開発や植林などの産業にも力を入れ、羽黒山発展に尽力しました。芸術家としても優れ、「開山御尊像」や来迎図「紙本金泥阿弥陀」など多くの書画を残しています。

ところが強引な改革は、多くの争いも生みました。羽黒山と境を接する庄内藩との領地争い、天台宗改宗をめぐる真言宗系寺院との争い、そして山内での権力争い……。ついには、羽黒山の衆徒から幕府に訴えられ、天宥別当は敗訴してしまいます。天宥別当は伊豆七島の新島（東京都）に流罪となり、この地で七年暮らしたのち、許されることなく、延宝二年（一六七四）、八十二歳で亡くなります。

羽黒山では、第五十代別当・天宥の偉業を称え、〝中興の祖〟として、羽黒山内に天宥社を建立し祀っています。また南谷には、天宥法印供養碑が建てられています。現在の天宥社は、平成四年（一九九二）に再建されたもので、天宥別当が植えた杉、松、欅を使用しています。

中興の祖が天宥別当ならば、〝中興〟と称されるのが第七十五代の覚諄《かくじゅん》別当です。

現在の三神合祭殿（明治以前は羽黒山寂光寺）は、一四〇〇年の歴史の中で、二度、大火によって焼失しています。一度目は寛政八年（一七九六）二月五日。九年の歳月をかけて再建を果たします。ところがその六年後の文化八年（一八一一）二月十一日、またしても延焼してしまいます。この時、復興のため別当として羽黒に赴任したのが、日光（栃木県）・医王院の覚諄でした。

覚諄別当は、日光より多くの職人を伴い、本社再建にあたります。八年の歳月と五二七五両の建設費を費やし、文政元年（一八一八）に完成をみます。現在の三神合祭殿は、この時に再建されたものです。さらに覚諄別当は山内の体制も整備し直し、現在に続く礎を築きます。また幕府や朝廷に働きかけ、御開祖

岩根沢三神社

天宥別当肖像画（三山歴史博物館）

蜂子皇子に「照見大菩薩《しょうけんだいぼさつ》」の勅号を賜りました。また、羽黒権現は伊氏波《いでは》神社であるとし、正一位の宣下を受けました。

明治の世になると、廃仏毀釈《はいぶつきしゃく》の嵐が吹き荒れます。それまで神仏習合の文化と伝統を育んできた出羽三山にとって、神仏分離令は青天の霹靂《へきれき》でした。明治五年（一八七二）の修験宗廃止令はさらなる打撃を与え、出羽三山は神社として再出発することとなったのでした。この時、羽黒山内の堂塔伽藍の多くは破壊され、仏像は流失しました（現在、その一部が「千佛堂」に祀られています）。

戦後、出羽三山は、月山神社、出羽神社、湯殿山神社――通称「出羽三山神社」として新たに出発します。昭和二十五年（一九五〇）には磐梯朝日国立公園に編入され、「信仰の山」というだけでなく、「観光の山」としても歩み出します。また平成二十六年（二〇一四）、「松例祭」が国の重要無形民俗文化財に指定されるなど、これまで守ってきた伝統も評価されています。

三神合祭殿再建より二〇〇年目を迎えた節目の平成三十年（二〇一八）には、神路坂の羽黒山大鳥居が九十年振りに建て替えられました。同年の来山者は十四万人を超えています。

出羽三山もまた、古き良き伝統を守りつつも、時代の求めに応じ、日々、生まれ変わっているのです。

覚諄別当肖像画（三山歴史博物館）

右頁の写真は、天宥別当が幼少期に修行をした岩根沢口にある旧・日月寺。現在の岩根沢三神社（正式名・月山出羽湯殿山三神社）です。豪壮な社殿は天保12年（1841）に再建されたもので、東北地方最大規模の木造建築物です（国重要文化財）。中興の祖・天宥別当（中）と中興・覚諄別当（左）の肖像画は、どちらも覚諄別当が、京都の絵師に描かせたものです。上京した時に敬愛する天宥別当の肖像も描かせました。

恒例祭事一覧

一月一日	歳旦祭
一月三日	元始祭
一月初め	春の峰
一月十一日	釿始祭
二月十一日	紀元祭
三月中旬	倭楽奉納奉告祭
四月中旬	勧学祭
五月八日	祈年祭（特殊神事御田植祭）※大祭
六月一日	湯殿山神社本宮開山祭
六月十八日	位牌安鎮供養祭
六月二十日	献菓祭
六月三十日	（夏越）大祓式
七月一日	月山神社本宮開山祭
七月十五日	例祭（花祭り）※大祭
八月十三日	月山神社本宮柴燈祭
八月十四日	月山神社本宮祭・月山一山萬霊供養祭
八月十五日	湯殿山神社本宮祭
八月二十六日～九月一日	秋の峰入修行（峰中式）
八月三十一日～九月一日	蜂子神社例祭・田面祭（八朔祭）
九月六日～九日	神子修行道場
九月十五日	月山神社本宮閉山祭
九月二十日	祖霊祭
九月二十四日	幣立祭（冬の峰）
十月一日	筒粥祭神事
十月十日	湯殿山一山萬霊供養祭
十月二十四日	天宥社祭
十一月一日	湯殿山神社本宮閉山祭
十一月二十三日	新嘗祭 ※大祭
十二月三十一日	大祓式・除夜祭
十二月三十一日～一月一日	松例祭

出羽三山地図

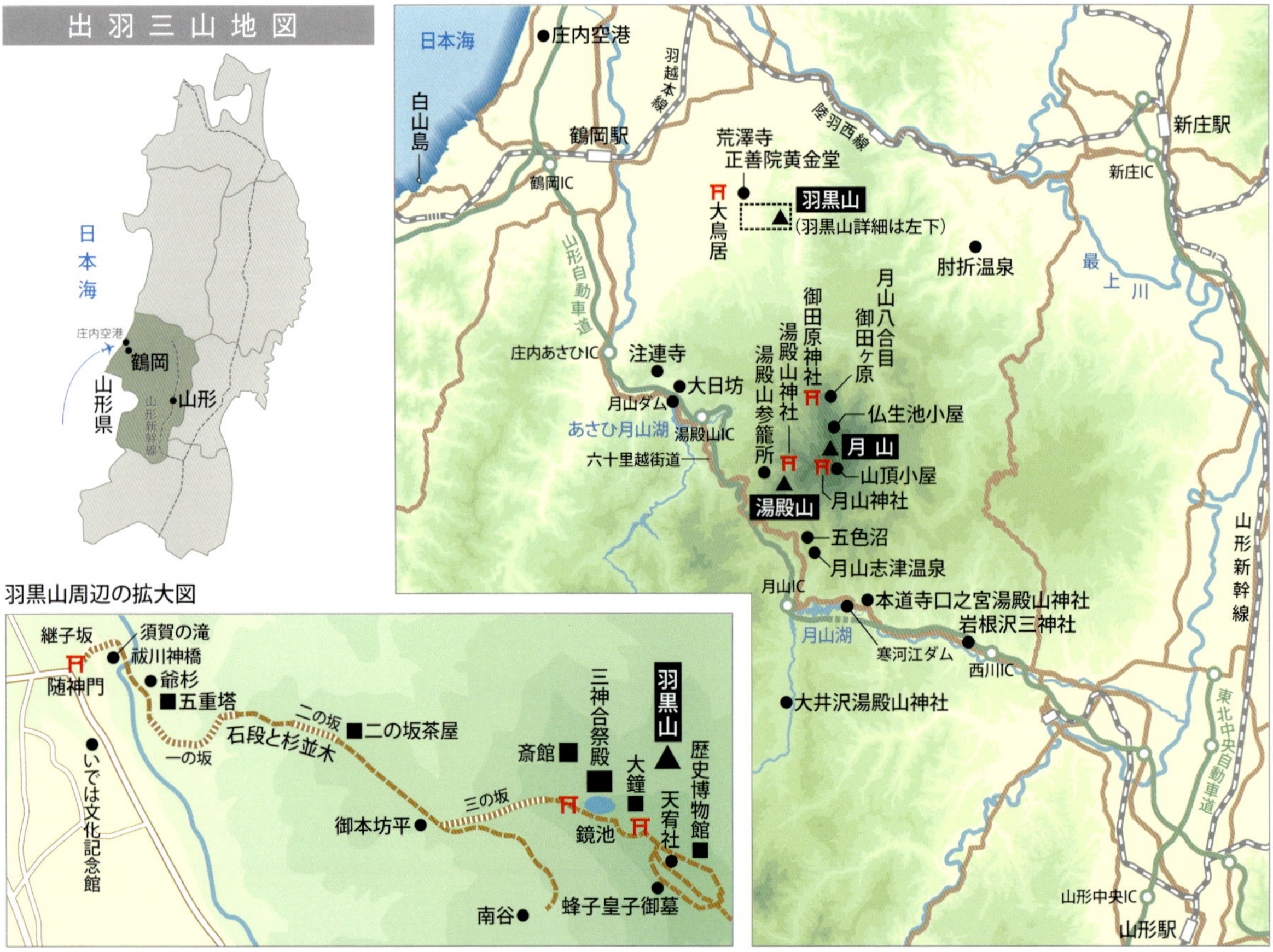

■お問い合わせ先／出羽三山神社社務所　山形県鶴岡市羽黒町手向字手向7　電話0235-62-2355　Fax.0235-62-2352
■羽黒山／JR鶴岡駅から車で30分。JR山形駅から100分。山形自動車道庄内あさひICから30分。庄内空港から車で40分
■羽黒山参籠所・斎館／電話0235-62-2357　■月山／庄内あさひICから8合目まで車で80分。月山ICから姥沢口まで20分
■御田原参籠所／電話090-2367-9037　■湯殿山／月山ICから車で20分　■湯殿山参籠所／電話0235-54-6131

年表

推古元年（五九三）	蜂子皇子（能除上人）、羽黒山と月山を開く。
推古十三年（六〇五）	蜂子皇子、湯殿山を開く。
和銅五年（七一二）	出羽国が置かれる。
養老五年（七二一）	行基、羽黒に登る。
大同元年（八〇六）	空海、梵字川を遡って湯殿山に到る。
大同二年（八〇七）	羽黒山本社を創建。
貞観六年（八六四）	月山神に従三位勲五等を授けられる。
貞観十八年（八七六）	月山神に正三位を授けられる。
元慶四年（八八〇）	月山神に従二位を授けられる。
延喜六年（九〇六）	羽黒の鐘を鋳る。
延喜十四年（九一四）	中島岳に虚空蔵菩薩の像をつくる。
延長四年（九二六）	羽黒山の本社の修造。
康平元年（一〇五八）	羽黒山衆徒、安倍宗任と戦い三五〇〇人討死。
治暦元年（一〇六五）	源義家、羽黒山の本社を修造。
承暦三年（一〇七九）	月山にて刀剣をうつ。これを月山丸という。
永久二年（一一一四）	三井寺長吏大僧正行尊、羽黒山に光明院を建立。
永治元年（一一四一）	山城坊永忠、羽黒山縁起を作る。
承安二年（一一七二）	藤原秀衡、羽黒の本社を修造。
文治三年（一一八七）	弁慶、源義経の代参で羽黒を訪れる。
建久四年（一一九三）	源頼朝、羽黒本社を修造、山麓に黄金堂を建立。
建治元年（一二七五）	元寇戦勝祈願のため、幕府が大鐘を鋳造し寄進。
正和二年（一三一三）	平貞時、五重塔を再建。
元弘二年（一三三二）	月山御田原に阿弥陀如来の銅像を安置。
文中元年（一三七二）	武藤政氏、五重塔再建（異説あり）。
応永二年（一三九五）	大井沢の大蔵坊（後の大日寺）建つ。
文安二年（一四四五）	土佐林氏光、羽黒山の本社を修造。
永正三年（一五〇六）	武藤義増、羽黒山の本社を修造。
大永五年（一五二五）	羽黒山衆徒、林光坊本道寺を開く。
慶長十年（一六〇五）	最上義光、羽黒本社の修復。
慶長十八年（一六一三）	最上義光、月山本宮に銅の高麗犬を寄進。
慶安元年（一六四八）	天宥別当、羽黒山参道を整備。
元禄二年（一六八九）	芭蕉、羽黒山に来山。月山、湯殿山に登拝。
寛政八年（一七九六）	本社焼失。
文化八年（一八一一）	本社、開山堂、行者堂、弁天堂、六所堂焼失。
文政元年（一八一八）	覚諄別当、本社再建。
文政六年（一八二三）	開山能除上人に照見大菩薩の称号を賜う。
	羽黒山大権現に正一位を授けられる。
明治三年（一八七〇）	廃仏毀釈により羽黒権現を出羽神社と改める。
明治十年（一八七七）	月山、湯殿山に女性が初めて参詣。
大正三年（一九一四）	月山神社官幣大社となる。
昭和四年（一九二九）	羽黒山大鳥居を建立。
昭和二十五年（一九五〇）	出羽三山が国立公園に編入される。
昭和四十一年（一九六六）	五重塔が国宝に指定される。
昭和四十八年（一九七三）	建治の大鐘が国の重要文化財に指定される。
平成五年（一九九三）	月山神社・出羽神社、鎮座一四〇〇年式年祭を斎行。
	神子修行道場創設。
平成十二年（二〇〇〇）	三神合祭殿と鐘楼が国の重要文化財に指定される。
平成十七年（二〇〇五）	湯殿山神社、鎮座一四〇〇年式年祭を斎行。
平成二十六年（二〇一四）	羽黒山午歳御縁年事業、御開祖蜂子皇子御開扉。
平成二十七年（二〇一五）	家康公没後四〇〇年記念事業、東照社御内陣御開扉。
平成二十八年（二〇一六）	出羽三山の「生まれかわりの旅」が日本遺産に。
平成三十年（二〇一八）	羽黒山三神合祭殿再建二〇〇年奉祝記念事業。
	鏡池玉垣整備、羽黒山大鳥居の建て替えなどを遂行。
	国宝羽黒山五重塔内部特別拝観。
	羽黒三所大権現秘仏展。
令和元年（二〇一九）	御代替り。

写真　稲田美織　いなた・みおり
多摩美術大学油絵科を卒業し、一九九一年からＮＹで写真家として活動。アメリカ同時多発テロをマンハッタンの自宅で目撃して以来、伊勢神宮はじめ、世界中の祈りの聖地を訪ね、撮影を続ける。世界中の美術館、ギャラリーで展示、講演会を開く。二〇一二年外務省の日中国交正常化四十周年記念事業で写真展覧会開催。二〇一五年神道文化功労賞受賞。Ｇ７伊勢志摩サミットでは英語版『伊勢神宮と日本の源流』が各国首脳陣に渡される。

出羽三山

二〇一九年七月一日　初版第一刷発行

著　者　出羽三山神社
発行人　岡　靖司
発行所　株式会社　小学館
〒一〇一-八〇〇一
東京都千代田区一ッ橋二-三-一
電話　編集〇三-三二三〇-五四三八
販売〇三-五二八一-三五五五
ＤＴＰ　株式会社昭和ブライト
印刷所　凸版印刷株式会社
製本所　牧製本印刷株式会社

造本には十分注意しておりますが、印刷、製本など製造上の不備がございましたら「制作局コールセンター」（フリーダイヤル〇一二〇-三三六-三四〇）にご連絡ください。

（電話受付は、土・日・祝休日を除く九時三十分～十七時三十分です）

 ISBN978-4-09-388698-7

装幀　山田満明／編集　角山祥道　和阪直之／地図製作　谷崎文子